AF257091

Journey To The East
Le Voyage En Orient

Abu Azizah

Pour Mikail & Layla, Jamel, JJ et Jalen
avec tout mon affection

Foreword

Reading about Fez, Cairo, Istanbul, Damascus and Makkah, among others, had most decidedly prompted my desire to experience these cities – I had a great yearning to travel. More recently, globalization has increased my curiosity, leading me to further reflect on Mark Twain's statement, 'Travel is the enemy of ignorance.' And, as Paul Bowles noted in 'The Sheltering Sky,' there is a vast difference between a tourist and a traveler. Tourists are always thinking about home, about returning home – which has meant that for the tourist, the cultural encounter remains something of a blind spot.

In my travels, I was determined not to be an ignorant tourist; thinking always about the location of culture, the sense of place, and more importantly an appreciation of the belief systems, the cultural codes and the rich lifestyle of the people I encountered. When I traveled to the Sultanate of Oman, to the city of Muscat, Jabal Akhdar and other sites including the market Nizwa Souq – one of the oldest souqs in the country, my experience was exciting and unforgettable.

During the visit to Nizwa Souq and the adjacent fortress, also noteworthy, I paid close attention to the sustainability of the edifice, the building materials and to the intimate interactions between people and the built environment – in essence, what the Dutch architect N. John Habraken has described as 'The Structure of the Ordinary.' Over the last two decades, my travels to Morocco, Egypt, Turkey, Saudi Arabia and Syria, among other countries, have been intellectually fulfilling. I am fully aware that a long intellectual tradition (according to Edward Said's 'Orientalism') has maintained a cultural divide in western thinking. In as much, global indeterminacy has created the possibility of multiple world views, yet my travel experience – while seemingly unique and personal – is also mediated by the relationship of time, space and cultural encounter.

– Abu Azizah

Avant-Propos

La lecture à propos de Fès, du Caire, d'Istanbul, de Damas et de La Mecque, entre autres, avait directement suscité mon désir de découvrir ces villes - j'avais un grand désir de voyager. Plus récemment, la mondialisation a accru ma curiosité, m'amenant à réfléchir davantage à la déclaration de Mark Twain, 'Voyager est fatal aux préjugés, à l'intolérance et à l'étroitesse d'esprit.' Et, comme Paul Bowles l'a noté dans 'Un thé au Sahara', il y a une grande différence entre un touriste et un voyageur. Les touristes pensent toujours à la maison, au retour à la maison – ce qui signifie que pour le touriste, la rencontre culturelle reste une sorte d'angle mort.

Dans mes voyages, j'étais déterminé à ne pas être ignorant en tant que touriste; en pensant toujours à l'emplacement de la culture, l'endroit où j'étais, et encore de manière plus importante, à avoir une appréciation des systèmes de croyances, des codes culturels et les richesses contenues dans le mode de vie des personnes que j'ai rencontrées. Lorsque je me suis rendu au Sultanat d'Oman, dans la ville de Mascate, Jabal Akhdar et d'autres sites dont le marché Nizwa Souq – l'un des plus anciens souks du pays, mon expérience a été passionnante et inoubliable.

Lors de la visite au souk de Nizwa et de la forteresse adjacente, également remarquable, j'ai porté une attention particulière à la durabilité de l'édifice, aux matériaux de construction et aux interactions intimes entre les gens et l'environnement bâti – en essence, ce que l'architecte néerlandais N. John Habraken a décrit comme "la structure de l'ordinaire". Au cours des deux dernières décennies, mes voyages au Maroc, en Égypte, en Turquie, en Arabie saoudite et en Syrie, incluant d'autres pays, ont été intellectuellement enrichissants. Je suis pleinement conscient qu'une longue tradition intellectuelle (selon "l'orientalisme" d'Edward Said) a maintenu une fracture culturelle dans la pensée occidentale. En plus, l'indétermination globale a créé la possibilité de multiples visions du monde, mais mon expérience de voyage – bien que vraisemblablement unique et personnelle – est également conditionnée par la relation du temps, de l'espace et de la rencontre culturelle.

– Abu Azizah

Adam's House
(*An Ode to Hassan Fathy*)

La Maison d'Adam
(*Une Ode à Hassan Fathy*)

My earthly house and I share
a tranquil landscape, natural and undisturbed
with a stream of un-polluted
Water

I dwell in the inner and outer spaces of my
walled enclosure open to the
Sky

With the sound of an effervescent fountain
reflecting a mirage of shadows from the clouds
and the shade of the trees produced by the
Wind and sun

When I need a hidden moment,
I escape to a place where a path leads to a garden at
Sunrise and sunset

And after I sleep, eat and think,
I can go outside once more where I can experience
Heat and cold

In the comfort of my inner chamber,
I can read in peace
because it's quiet and I can hear soft, whispering
meditative sounds from many birds
singing melodies to enhance my earthly mood,
and at night I have the
Stars

Ma maison terrestre et moi partageons
un paysage tranquille, naturel et paisible
avec un ruisseau non pollué
D'eau

J'habite dans les espaces intérieurs et extérieurs de mon enceinte
murée ouverte sur le
Ciel

Avec le son d'une fontaine effervescente
reflétant un mirage d'ombres provenant des nuages
et des arbres produits par le
Vent et le soleil

Quand j'ai besoin d'un moment de solitude,
je m'évade à un endroit où le chemin me mène à un jardin
pendant le
Lever et coucher du soleil

Et après avoir dormi, mangé et pensé,
je peux sortir une fois de plus où je peux sentir la
Chaleur et le froid

Dans le confort de mon enceinte intérieure,
je peux lire en paix
parce que c'est calme et je peux entendre de doux chuchotements
méditatifs provenant de nombreux oiseaux
qui chantent des mélodies pour améliorer mon humeur terrestre,
et durant la nuit, j'ai les
Étoiles

Obeisance at Dawn

Obéissance à l'Aube

Unable to restrain my eyes
I behold slumbered bodies embracing
the cold concrete sidewalk at dawn.
Bodies, asleep in front of a house of worship
I walk by in disbelief, awe and respect.

Unable to speak
I felt repentant, because next to this house of worship
stood an empty dream palace
with many quarters filled with bare beds
and a shelter occupied by a fleet of
eccentric Rolls Royce cars in many colors.

Unable to control my conscience
I am directly disturbed
by the thought that the Master of my soul
would be angry if I could express to Him

what I felt, and what I knew and what I saw,
although He already knew.

Unable to cry
I sought refuge inside the house of worship
to seek forgiveness for my soul, and to
withdraw my thoughts from the knowledge
of what existed behind the palace walls
and outside a house of God.

Incapable de retenir mes yeux
Je vois des corps endormis embrasant
le trottoir glacé en béton à l'aube.
Des corps, endormi devant un lieu de culte
je marche avec incrédulité, admiration et respect.
Incapable de parler
Je me sentais repentant,
parce qu'à côté de ce lieu de culte
se tenait un palais de rêve vide
avec de nombreux quartiers remplis de lits vides
et un abri occupé par
une flotte de voitures de marque
Rolls Royce excentrique en plusieurs couleurs.

Incapable de contrôler ma conscience
Je suis directement perturbé
par la pensée que le Maître de mon âme
serait en colère si je pouvais lui exprimer
ce que je ressentais,
ce que je savais et ce que j'ai vu,
même s'Il savait déjà tout cela.

Incapable de pleurer
J'ai cherché refuge dans la maison de culte
pour demander pardon pour mon âme, et
retirer mes pensées de la connaissance
de ce qui existait derrière les murs du palais
et à l'extérieur d'une maison de Dieu.

Dwellings of the Dead

Domiciles des Morts

From the citadel looking east, I see
a glow of incandescent lights –
an illuminated cemetery.
It bustles with life
while the departed souls rest in peace.
They lay asleep beneath the ground;
above, squalor, filth, and noise prevails.
People dispute face to face day and night.

The living out-number the dead five to one;
they control the ground encompassing
the old 15th century upgraded tombs,
which have locally made electric conduits
to provide power
for imported appliances.

Sophisticated silhouettes of old Mamluk tombs
mingle with modern concrete interventions.
Make-shift walls add living spaces,
existing tombs have been transformed to
a chamber of dwelling, for the living.

The illuminated cemetery
boasts a population of 500,000
and in the shadows of the desecrated tombs
the dwellers sit, talk, eat and sip tea.
Men and women are content that they can now live
and give birth
or simply die where they also watch TV.

De la citadelle regardant vers l'est, je vois
une lueur de lumières incandescentes –
un cimetière illuminé.
Ça s'anime de vie
pendant que les morts défunts,
leurs âmes reposent en paix.
Ils se reposent sous le sol;
au-dessus, la misère, la saleté et le bruit prévalent.
Les gens se disputent face à face jour et nuit.

Les personnes vivantes surpassent
les morts cinq à un;
ils contrôlent le terrain englobant
les vieilles tombes du 15e siècle modernisé,
comportant des conduits électriques fabriqués localement pour
fournir de l'énergie
pour les appareils importés.

Des silhouettes sophistiquées de vieilles tombes mameloukes
se mêlent à des interventions de bétons modernes.
Des murs improvisés ajoutent des espaces de vie,
les tombes existantes ont été transformées en
une chambre d'habitation, pour les vivants.

Le cimetière illuminé compte 500 000 habitants
et dans l'ombre des tombes profanées
les habitants s'assoient, parle, mange et sirote du thé.
Les hommes et les femmes sont contents de pouvoir vivre et
accoucher
ou simplement mourir là où ils regardent aussi la télévision.

Time

Temps

In my empty room,
time exists.
The night sets free the day
and the dawn smiles at both.

In my empty room,
daylight becomes visible.
I awake from sleep
to worship
and think.

In my empty room,
there is life, suffering
and sometimes joy.
Love respects boundaries,
memories alter dreams.
My expectations begin

long before time exists
in my empty room.

Dans ma chambre vide,
le temps existe.
La nuit libère le jour
et l'aube sourit aux deux en même temps.

Dans ma chambre vide,
la lumière du jour devient visible.
Je me réveille de mon sommeil
pour prier
et penser.

Dans ma chambre vide,
il y a de la vie, de la souffrance
et parfois de la joie.
L'amour respecte les frontières,
les souvenirs modifient les rêves.

Mes attentes commencent
bien avant que le temps existe
dans ma chambre vide.

Sleep

Sommeil

Tell me what you know about
sleep in an empty room.

Tell me what you know about
a broken heart.

Tell me what you know about
love, life and pain.

Tell me what you know about
unanswered dreams.

Tell me what you know about
suffering when
my only solace is sleep.

Dis-moi ce que tu sais à propos
du sommeil dans une pièce vide.

Dis-moi ce que tu sais à propos
d'un coeur brisé.

Dis-moi ce que tu sais à propos
de l'amour, la vie et la douleur.

Dis-moi ce que tu sais à propos
des rêves sans réponse.

Dis-moi ce que tu sais à propos
de la souffrance quand
mon seul réconfort est le sommeil.

Three Boys at Midnight

Trois Garçons à Minuit

Poverty is inexcusable
when we have enough for all.

Why do these three boys beg
when we have enough for all.
I asked myself why.

I met them at midnight
returning from another day of begging,
returning but not content.

I asked myself why
three boys at midnight
must await another day
to beg for more.

La pauvreté est inexcusable
quand nous en avons assez pour tous.

Pourquoi ces trois garçons supplient
quand nous en avons assez pour tous.
Je me suis demandé pourquoi.

Je les ai rencontrés à minuit
revenant d'un autre jour de mendicité,
de retour, mais mécontent.

Je me suis demandé pourquoi
trois garçons à minuit
doivent attendre un autre jour
pour en demander plus.

The Sky and the Sand

Le Ciel et le Sable

Between the sand and the sky, I stand
realizing how insignificant I am.

Realizing how minute I am,
wondering if the sand would open up
and just inhale me.

Wondering if my camel would desert me;
wondering if water will ever touch
my parched lips again.

The sun suddenly illuminates me
as though I were an actor on a stage
yet no audience applaud me.

My mind is frozen silently in thought,
I am speechless while I stand
between the sky and the sand.

Entre le sable et le ciel, je
réalise à quel point je suis insignifiant.

Réalisant à quel point je suis petit,
en me demandant si le sable s'ouvrirait
et juste m'aspirer.

Je me demande si mon chameau me déserterait;
me demandant si l'eau ne va jamais toucher
mes lèvres desséchées de nouveau.

Le soleil m'éclaire soudain
comme si j'étais un acteur sur une scène,
mais il n'y a aucun public pour m'applaudir.

Mon esprit est figé silencieusement
dans mes pensées,
je suis sans voix pendant que je reste debout
entre le ciel et le sable.

My Ancestors' Hut

La Hutte de Mes Ancêtres

Surrounded by the sun and my ancestors' hut,
I seek the intervening shadows
of a path between each dwelling in Umm Durman.
Brown ground,
mud construction
and monochromatic earth tones
cracked and crazed from wind and rain, the hut stands naturally
with the midday sun.

Clustered together in ancient African forms
from within painted walls in spotless limestone white
enclosed neat swept spaces,
ceilings draped in fabric hangs softly
from above like a canopy sky.

Sitting low on the *angareb*, an ancient Pharaonic bed
made of twisted jute and natural wood,
I sit where my ancestors once sat
and out of respect for them,
I converse in soft muted acoustic speech.

Voices resonates from the limestone walls,
conversation punctuated only
by the voices of children at play in the yard.

All things are natural; man, mud and straw.
No doubt, I am created from clay not reinforced concrete.
Fathy understood, but Plato was seduced
by his dialectic mind, an unholy Athenian temple.
If only he had seen my hut in Umm Durman,
the temple walls engulfed his mind trapping him
in an abyss of synthetic knowledge.
On this African landscape,
truth surrounds us everywhere

knowledge is shared, our voices echo
the words of our ancestors from the walls
suspended in time and space,
my hut has endured since time immemorial and before Plato.

Entouré par le soleil et la hutte de mes ancêtres,
je cherche les ombres intervenantes
d'un chemin entre chaque domicile à Umm Durman.
Plancher brun, construction de boue et tons de terre monochrome
fissurée et du vent et de la pluie démente, la hutte se tient
naturellement avec le
soleil du midi.

Regroupés sous d'anciennes formes africaines
de l'intérieur des murs peints en blanc calcaire impeccable
enfermer des espaces soigneusement balayés,
les plafonds drapés de tissu pendent doucement
d'en haut comme un ciel de canopée.

Assis sur l'*angareb*, un ancien lit bas pharaonique
fait de jute torsadé et bois naturel,
je m'assois où mes ancêtres étaient assis dans le passé et par
respect pour eux,
je parle dans un ton acoustique doux et muet.

Des voix résonnent via les murs de calcaire,
la conversation ponctuées seulement
par les voix des enfants qui jouent dans la cour.

Tout est naturel; homme, boue et paille.
Sans doute, je suis créé à partir d'argile et non de béton renforcé.
Fathy comprenait, mais Platon était séduit
par son esprit dialectique,
un temple athénien impie.
Si seulement il avait vu ma hutte à Umm Durman,
les murs du temple engloutit son esprit le piégeant
dans un abîme de connaissances synthétiques.
Sur ce paysage africain,

la vérité nous entoure partout
la connaissance est partagée,
les mots de nos ancêtres sur les murs font écho à partir de nos
voix
suspendues à travers le temps et l'espace,
ma hutte a perduré depuis des temps immémoriaux et avant
Platon.

The Night Sky

La Nuit Étoilée

From my roof at night:
I watched the starry sky over Umm Durman,
I watched the stars from my roof,
I pondered for a long while what they were doing,
America seemed so far away except for
the vivid memories of my wife and child.

Peering with me into the night sky
Abdul Halim, my Sufi friend,
instructs me about the stars
he knew them well but my mind drifted as he spoke.

Before sleep came over me,
conjuring up what little memory I have left.

I discover the faces of my loved ones in the sky,
Abdul Halim continued to tell me
in his white Australian accent
about the knowledge of the Aborigines.

Inspired, I could see geometry in the sky.
I drew imaginary lines starting at Umm Durman
all the way to Manhattan.

I drew lines until I fell asleep.
A herd of cattle passed my roof by kicking up dust
disturbing the quiet night and the construction of my lines.

In the distance, I hear herders
calling out to the cattle in Arabic,
the bellowing sounds of the cattle remain in my ear.
Long after they had passed my roof.

My roof is quiet again,
I have the canopy of a moonlit sky once more
looking down on me over Umm Durman.
Sur mon toit la nuit:
j'ai regardé le ciel étoilé sur Umm Durman,
j'ai regardé les étoiles depuis mon toit,
j'ai longtemps réfléchi à ce qu'ils faisaient,
l'Amérique semblait si loin sauf pour
les souvenirs vifs de ma femme et de mon enfant.

Regardant le ciel nocturne avec moi
je me renseigne sur les étoiles auprès de mon ami Soufi, Abdul
Halim,
il les connaissait bien, mais mon esprit dérivait lorsqu'il en parla.

Avant que le sommeil m'envahisse,
j'évoque le peu de mémoire qu'il me reste.

Je découvre les visages de mes proches dans le ciel,
Abdul Halim a continué à me dire
dans son accent australien blanc
à propos des connaissances des Aborigènes.

Inspiré, je pouvais voir des
formes géométriques dans le ciel.
J'ai dessiné des lignes imaginaires en commençant par Umm
Durman
jusqu'à Manhattan.

J'ai tracé des lignes jusqu'à ce que je m'endorme.

Un troupeau de bétail a passé sur mon toit en soulevant la
poussière
troublant la nuit tranquille et la construction de mes lignes.
Au loin, j'entends des bergers
criants au bétail en arabe,

les bruits de beuglement du bétail restent dans mon oreille.
Longtemps après avoir passé sur mon toit.

Mon toit est à nouveau silencieux,
j'ai encore la verrière d'un ciel éclairé par la lune
me regardant par-dessus Umm Durman.

A Silent Death

Une Mort Silencieuse

The summer night was hot,
I remember
visiting a sick friend
suffering from a dreadful disease
– spinal meningitis.

Unnoticed,
death came upon a stranger
on that hot summer night.

The stranger laid on a bare mattress
on a worn-out metal bed.
At that moment, he ceased to exist
time stood still.

The stranger, hardly speaking
like a carrion, he laid
waiting for scavenger fowl, and buzzards
lasting but a little while,
he soon separated from this world.

I remember, that
we are all strangers
helpless in the face of death
and he, departing silently
without saying *goodbye*.

La nuit d'été était chaude,
je me souviens d'avoir
rendu visite à un ami
souffrant d'une terrible maladie
– méningite vertébrale.

Inaperçu,
la mort tomba sur un étranger
par cette chaude nuit d'été.

L'étranger couché sur un simple matelas
sur un lit métallique usé.
À ce moment, il a cessé d'exister
le temps s'est arrêté.

L'étranger, parlant à peine
comme une charogne, il s'est étendu
en attente de volailles charognards et de buses
vivant encore,
mais pour seulement quelques instants,
il s'est bientôt séparé de ce monde.

Je me souviens que
nous sommes tous des étrangers
impuissants face à la mort
et lui, partant silencieusement
sans dire au *revoir*.

Ya Takruni! ('Hey Nigger!')

Ya Takruni ('Hey le Nègre!')

In Jeddah, a place named after Eve
they call them homeboys Takruni.
Just because
their ancestors came from West Africa long ago.
Just because
they came from *bilad al-Takrur*.
Just because
Ibn Khaldun said it or believed it.
Just because
they are not Bedouins.
Just because
people are ignorant.
Just because
some folks, even Arabs, have forgotten
who created them.
Well, what about al-Jahiz?

In Baghdad, al-Jahiz was labeled as such,
they called him *qabih al-Wajh*,
a brilliant man with an ugly face.
Just because
his mother was African.
Just because
he was erudite.
Just because
they're jealous.
Just because
some folks have forgotten who created them.
Well, what about Pushkin?

Some folks have forgotten the message
of the Teacher who taught:
la fadl al-Arabi 'ala al-Ajami... ila bil-Taqwa.

There is no preference or superiority of an
Arab over a non-Arab.
In the sight of God, piety
is the only distinguishing
character between men.
Well, what about Piety?

Where is the piety? Where is the brotherhood?
Where is the love? You call him *Takruni*.
Just because his mother is African.
Just because his skin is black.
Just because some folks have forgotten.
Who created them?
Well, what about Bilal?

Some folks recite from the book,
but they forget the words.
Just because they are from some ancient tribe.
Just because
they believe they are better.
Just because
they speak different.
Just because
they dress different.
Just because
they drive fancy cars.
Just because
they live in dream palaces.
Just because
some folks have forgotten.
Who created them?
Well, what about Kunta Kinte?

In this land, they call me nigger!
It's all the same.
Just because I am a descendent of Adam
and Eve the first man and woman.
Just because
Adam was created from natural clay.

Just because
God made the Angels bow down to Adam.
Just because
I am a free man.
Just because
I am somebody.
Just because
I am a Mandingo from *bilad al-Takrur*.
Just because
I am created from natural clay.
Well, what color is clay?

Just the other day Buford, a pale face said to me,
"What you doing here boy?"
Just because
we don't look alike.
Just because
my mother is African.
Just because
he is afraid that I am brilliant and erudite.
Just because
I am a free man.
Just because
I am somebody.
Just because
some folks have forgotten.
Who created them?
Well, what about a pale-face man named Buford, Bubbah? Or
whatever the hell his name is.
Well Buford, one day you'll bow down to God
or be dragged down in disgrace.
Just because you're a *racist expletive deleted*.
Just because God don't like evil folks.
No matter what color they are.
Just because
I am not going anywhere.
Just because
there are many more like me.
Just because

you killed the red man, the black man,
the Mexican and many others.
Just because
you forgot God was watching you.
Just because
you are scared and insecure.
Just because
you think I want revenge.
Just because
you don't speak a foreign language,
like them folks over there.
Well Buford, you're just like them.

À Djeddah, un endroit nommé d'après Ève
ils les appellent homeboys Takruni.
Tout simplement
parce que leurs ancêtres sont venus
d'Afrique de l'Ouest il y a longtemps.
Juste parce qu'ils
venaient de *bilad al-Takrur*.
Juste parce qu'Ibn Khaldun l'a dit ou cru.
Juste parce qu'ils
ne sont pas des Bédouins.
Juste parce que
les gens sont ignorants.
Juste parce que
certains, même les arabes,
ont oublié qui les a créés.
Mais, que dire d'al-Jahiz?

À Bagdad, al-Jahiz a été étiqueté comme tel
ils l'ont appelé *qabih al-Wajh*,
un homme brillant avec un visage laid.
Juste parce que
sa mère était africaine.
Juste parce qu'il
était érudit.
Juste parce qu'ils

sont jaloux.
Juste parce que
certains ont oublié
qui les a créés.
Mais, que dire de Pouchkine?

Certaines personnes ont oublié le message
de l'Instructeur qui a enseigné:
la fadl al-Arabi 'ala al-Ajami... ila bil-Taqwa.
Il n'y a ni préférence ni supériorité d'un
arabe sur un non-arabe.

Aux yeux de Dieux, la piété
est le seul caractère
distinct entre hommes.
Mais, que dire de la piété?

Où est la piété? Où est la fraternité?
Où est l'amour? Tu l'appelles *Takruni.*
Juste parce que
sa mère est africaine.
Juste parce que
sa peau est noire.
Juste parce que
certains ont oublié.
Qui les a créés?
Mais, que dire de Bilal?

Certaines personnes récitent le livre,
mais elles oublient les mots.
Juste parce qu'ils
sont d'une ancienne tribu.
Juste parce qu'ils
croient qu'ils sont meilleurs.
Juste parce qu'ils
parlent différemment.
Juste parce qu'ils
s'habillent différemment.
Juste parce qu'ils

conduisent des voitures de luxe.
Juste parce qu'ils
vivent dans des palais de rêve.
Juste parce que
certains ont oublié.
Qui les a créés?
Mais, que dire de Kunta Kinte?

Dans ce pays, ils m'appellent nègre!
C'est tout pareil.
Juste parce que
je suis un descendant d'Adam
et Ève le premier homme et femme.
Juste parce que Adam
a été créé à partir d'argile naturelle.
Juste parce que
Dieu a fait les Anges s'incliner devant Adam.
Juste parce que
je suis un homme libre.
Juste parce que
je suis quelqu'un.
Juste parce que
je suis un Mandingue de *bilad al-Takrur*.
Tout simplement parce que
j'ai été créé à partir d'argile naturelle.
Bien, de quelle couleur est l'argile?

L'autre jour, Buford, un visage pâle m'a dit,
"Qu'est-ce que tu fais ici garçon?"
Tout simplement parce que
nous ne nous ressemblons pas.
Juste parce que
ma mère est africaine.
Juste parce qu'il
a peur que je sois brillant et érudit.
Juste parce que
je suis un homme libre.
Juste parce que
je suis quelqu'un.

Juste parce que
certains ont oublié
qui les a créés.
Mais, que dire d'un homme au visage pâle nommé Buford,
Bubbah? Ou quel que soit son nom.

Alors Buford, un jour tu te prosterneras devant Dieu
ou être traîné en disgrâce en enfer.
Juste parce que
tu es un *juron raciste supprimé.*
Juste parce que
Dieu n'aime pas les personnes malignes.
Peu importe leur couleur.
Juste parce que
je ne vais nulle part.
Juste parce qu'il
y en a beaucoup plus comme moi.
Juste parce que
tu as tué l'homme rouge, l'homme noir,
le mexicain et bien d'autres.
Juste parce que
tu as oublié que Dieu te regardait.
Juste parce que
tu as peur et que tu es insécure.
Juste parce que
tu penses que je veux me venger.
Juste parce que
tu ne parles pas une langue étrangère,
comme ces gens là-bas.
Alors Buford, tu es comme eux.

Dream Palaces

Les Palais des Rêves

Fall, fall, fall – you beast of burden.
Fall from your high places,
from your lofty towers,
from your gold-plated toilets,
from your marble floors,
from your sheltered existence.

Fall, fall, fall – from your dream palaces.
From your arrogance,
from your corrupt minds,
from those of noble birth,
whom you seek to convert
to your decadent ways.

Fall, fall, fall – into the abyss of your disgrace.

Tombe, tombe, tombe – toi la bête de somme.
Tombes de tes hauts lieux,
de tes tours hautes,
de tes toilettes plaquées or,
de tes sols en marbre,
de ton existence protégée.

Tombe, tombe, tombe – de tes palais de rêve.
de ton arrogance,
de ton esprit corrompu,
de ceux de noble naissance,
que tu cherches à convertir
à tes manières décadentes.

Tombe, tombe, tombe - dans l'abîme de ta disgrâce.

Nation of Sheep

Nation de Moutons

History has taught them nothing.
The republic is now a nation of sheep.
Work, eat and sleep.

Massacred by greed,
values overpowered by their needs
and they worship micro-chips.

They don't know who invented the spoon,
busy sending men to the moon.
Yet they can't compose
one verse of the Holy Book.

Since creation, they have not heeded
the message of the messenger
inimical to the truth.
They will remain
a nation of sheep.

L'histoire ne leur a rien appris.
La république est maintenant
une nation de moutons.
Travailler, manger et dormir.

Massacré par la cupidité,
des valeurs dominées par leurs besoins,
et ils adorent les micropuces.

Ils ne savent pas qui a inventé la cuillère,
occupés à envoyer des hommes sur la lune.
Pourtant, ils ne peuvent pas composer
un verset du Livre Sacré.

Depuis la création, ils n'ont pas tenu compte
du message du messager
hostile à la vérité.
Ils resteront
une nation de moutons.

Beggars at the Gate

Mendiants à la Barrière

On an ordinary hot and dusty African day,
I stand outside the Embassy
in a crowd of men touching the wall
of the whitewashed edifice.
They come day after day, waiting
from sunrise with the hope of a visa
to work in the land of promise
somewhere to the east across the Red Sea.

I ask them, is it worth the wait for a simple stamp
to enter the land of money, humiliation
and servitude?
For a moment, I ponder their condition
as America awaits me somewhere to the west.
They pause to pray
that the faded black door would open
and that their dreams can come true.

Inside, sitting with the Arab ambassador
he serves tea to me, we speak.
In here it is cool under the fan,
I take comfort in the air-conditioned room
which is an uncommon novelty in the Sudan.
My mind reverts to the plight of my brothers
outside standing in the unbearable heat.

I feel a sense of guilt,
the pleasant coolness of the room
captivates my thoughts once more.
The ambassador continues his dialogue.

Moments later I exit,
I salute my brothers who continue to wait
in front of the faded black gate.

Par une journée ordinaire, africaine,
chaude et poussiéreuse,
je me tiens devant l'ambassade
dans une foule d'hommes touchant le mur
de l'édifice blanchi à la chaux.
Ils viennent jour après jour, en attendant
à partir du lever du soleil
avec l'espoir d'obtenir un visa
pour travailler dans le pays promis
quelque part à l'est plus loin que la mer Rouge.

Je leur demande, si ça vaut la peine d'attendre pour une simple
étampe
pour entrer dans le pays de l'argent, l'humiliation
et la servitude?
Pour un instant, je réfléchis à leur état
car l'Amérique m'attend quelque part à l'ouest.
Ils s'arrêtent pour prier
que la barrière noire fanée s'ouvrirait
et que leurs rêves peuvent se réaliser.

À l'intérieur, assis avec l'ambassadeur arabe
il me sert du thé, on parle.
Ici c'est frais sous le ventilateur,
je me réconfort dans la salle climatisée
qui est une rareté intéressante au Soudan.
Mon esprit se retourne vers
la détresse de mes frères
debout à l'extérieur dans la chaleur insupportable.

Je ressens un sentiment de culpabilité,
la fraîcheur agréable de la pièce
captive mes pensées une fois de plus.
L'ambassadeur poursuit son dialogue.

Quelques instants plus tard, je sors,
je salue mes frères qui continuent d'attendre
devant la barrière noire fanée.

Motherhood
(For my mother — may God grant her peace)

Maternité
(Pour ma mère — que Dieu lui accorde la sérénité)

I don't know but I was told
for nine months until I grew old.

She gave me warmth when I was cold
and She nourished me when I was weak.

She taught me a language when I couldn't speak
and She comforted me when I was frightened.

She had an exceptional
ability to smile when I was sad,
therefore I challenge any man who says he can.

Or have I forgotten
the time I couldn't tie my shoes?

Since feelings are first
what's all this talk I hear?

Yes father I love you,
but mother you are adorable.

Je ne sais pas, mais on m'a dit
pendant neuf mois jusqu'à ce que je vieillisse.

Elle m'a réchauffé quand j'avais froid
et Elle m'a nourri quand j'étais faible.

Elle m'a appris une langue
quand je ne pouvais pas parler
et Elle m'a réconforté quand j'avais peur.

Elle avait une capacité exceptionnelle
pour sourire quand j'étais triste,
donc je mets au défi tout homme qui dit qu'il peut.

Ou ai-je oublié
le temps où je ne pouvais pas attacher mes chaussures?

Puisque les sentiments sont d'abord
quel est tout ce discours que j'entends?

Oui père je t'aime,
mais maman tu es adorable.

After Conception

Après la Conception

In my mother's womb I came to be
after conception...
Then I hardened and developed...
And grew, and I took shape...

Later, I suckled un-pasteurized milk
from my mother's breast
and She taught me how to walk
without mechanical means.
And She taught me how to speak
without Sesame Street.

I am now able to speak fluently
and to walk, to run and to sit in the sun
and occasionally... To copulate.

Because my mother loved God,
she opted for Pro-Life!
Now I am a being...

Dans le ventre de ma mère, j'ai vécu un moment
après la conception...
Puis j'ai durci et développé...
Et j'ai grandi, et j'ai pris forme...

Plus tard, j'ai allaité du lait non pasteurisé
du sein de ma mère
et Elle m'a appris à marcher
sans appareils mécaniques.
Et Elle m'a appris à parler
sans Sesame Street.

Je suis maintenant capable de parler couramment
et marcher, courir et m'asseoir au soleil
et parfois... Pour copuler.

Parce que ma mère aimait Dieu,
elle a opté pour être Pro-Vie!
Maintenant je suis un être vivant...

Grandmother
(For Isabel Gittens – may God grant her peace)

Grand-Mère
(Pour Isabel Gittens – que Dieu lui accorde la sérénité)

Grandmother,
you are gone but not forgotten.
Today you revealed yourself to me
I recognized you but
you did not recognize me.
When our eyes met
your face revealed the memories
of the love you gave to me.

Grandmother,
I found you in another place
and in another time.
Your age remains a mystery
and your burden is still unknown.

Grandmother you have departed
but not forgotten.

Grand-mère,
tu es parti, mais pas oublié.
Aujourd'hui tu t'es révélé devant moi
je t'ai reconnu, mais
tu ne m'as pas reconnu.
Quand nos yeux se sont rencontrés
ton visage a révélé les souvenirs
de l'amour que tu m'as donné.
Grand-mère,
je t'ai trouvé dans un autre endroit
et dans un autre temps.
Ton âge reste un mystère
et ton fardeau est encore inconnu.

Grand-mère tu es partie,
mais pas oublié.

The Sufi Chant

Le Chant Soufi

Swaying bodies to and fro
in mystic space,
an African Sufi keeps the pace of
the chant punctuated with divine sighs
of appeal to the heavens.

The words of *Allah* on his lips,
he is carefree about this world
this night and every Thursday night.

Unable to resist the melody
I lend an ear to the lively rhythm
of striking hands
and the beating drums.

Faith is alive!
Truth, *baraka* (blessings) and love.

His Master is whom the Sufi asks
the same power
that created him, you and I
with a single command – Be!

When his hour is near,
and the upper house welcomes him
his earthly prayer would not have been empty
and his sighs not in vain;
he will need to chant no more.

Le balancement des corps d'avant en arrière
dans l'espace mystique,
un soufi africain suit le rythme du
chant ponctué de soupirs divins
d'appel aux cieux.

Les mots d'*Allah* sur ses lèvres,
il est insouciant de ce monde
cette nuit et tous les jeudis soirs.

Incapable de résister à la mélodie
je prête une oreille au rythme vif
de mains frappantes
et les tambours battants.

La foi est vivante!
Vérité, *baraka* (bénédictions) et amour.
Son Maître c'est celui à qui le soufi demande
la même puissance
qui l'a créée, toi et moi
avec une seule commande – Soyez!

Quand son heure approche,
et le ciel lui souhaite la bienvenue
sa prière terrestre n'aurait pas été inutile
et ses soupirs ne sont pas en vain;
il n'aura plus besoin de performer son chant.

Fulfilled Bodies

Les Âmes Accomplies

Walking briskly to the mosque
in response to the *mu'adhhin's* call
in the distance, his intoning
tells us Friday is here once more.

Sitting with reverence in the sanctuary
brothers and sisters listen
to the *kateeb* address the faithful,
many black faces smiling when our eyes meet.

Seeking His grace and blessings,
hands are raised in supplication
and clutching the *sibhah* (prayer beads).
Fingers move the beads briskly along
repeating the name of the Almighty.

Standing and *bowing* in prayer
afterwards they leave the house of worship.
I observe many brilliant white robes
succumb to the outside air currents.
Their bodies fulfilled.

Marcher vivement à la mosquée
en répondant à l'appel du *mu'adhhin*
de loin, son enthousiasme
nous dit que vendredi est de retour.

Assis avec révérence dans le sanctuaire
frères et soeurs écoute
le discours de *kateeb* s'adressant aux fidèles,
de nombreux visages noirs souriants quand nos yeux se
rencontrent.

Cherchant Sa grâce et Ses bénédictions,
les mains sont levées en supplication
et serrant le *sibhah* (les chapelets).
Les doigts déplacent vivement les perles
répétant le nom du Tout-Puissant.

Debout et *s'inclinant* en prière
après ils quittent le lieu de culte.
J'observe de nombreuses robes blanches brillantes
succomber aux courants d'air extérieur.
Leurs corps épanouis.

This Old Sheikh

Ce Vieux Sheikh

The tribal scars on his face give details,
he was an elder from Dongola to the North.

Deep intersecting lines, facial lines express his age,
this old sheikh elder than seventy
and he may be even eighty.

This old sheikh elder than seventy
has seen Makkah and is now ready to see paradise.

He spoke to me about paradise with passion,
conviction and belief.
This old sheikh, was content, blissful
and mindful of his last rites.
He spoke of paradise, his future abode
like a young groom yearning for manhood.

This old sheikh clutched his prayer beads
constantly repeating the word '*Allah*'
with immense love and enthusiasm.
He walked down the dusty path
to the village Mosque
to perform the evening prayer,
in preparation for the upper house.

Les cicatrices tribales sur son visage donnent des détails,
il était un aîné de Dongola au Nord.

Des lignes profondes qui se croisent, les lignes du visage
expriment son âge,
ce vieux cheikh âgé de plus de soixante-dix
et il a peut-être même quatre-vingts ans.

Ce vieux cheikh âgé de plus de soixante-dix
a vu La Mecque et est maintenant prêt à voir le paradis.

Avec passion, conviction et croyance,
il m'a parlé du paradis.
Ce vieux cheikh était content, heureux
et conscient de ses derniers rites.
Il a parlé du paradis, sa future demeure
comme un jeune marié aspirant à être un homme.

Ce vieux cheikh a saisi ses perles de prière
a constamment répété le mot '*Allah*'
avec un immense amour et enthousiasme
Il a marché à travers le chemin poussiéreux
jusqu'à la mosquée du village
pour effectuer la prière du soir,
en préparation du ciel.

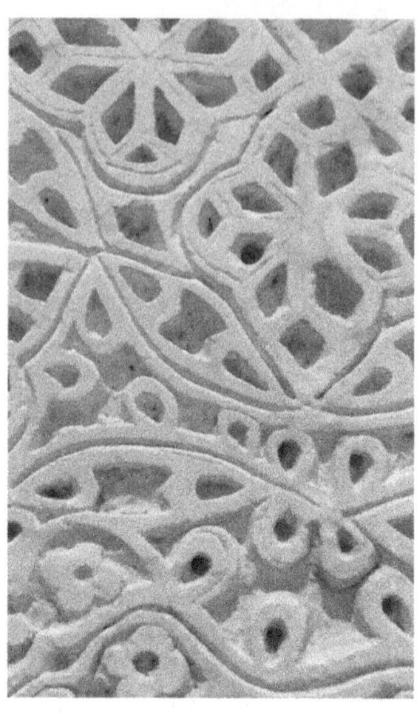

McDonald's
(*Rabat*)

McDo
(*Rabat*)

The brightly lit McDonald's logo
decorates the building façade,
from the boulevard the translated Arabic text
is more noticeable than the *minaret* of the mosque.

I join the crowds in an eager bid to enter
the remodeled space that was once
a bookstore or something more humble.

Inside, the stereo plays a hip-hop tune in English
and the waiters are dressed in brightly tailored uniforms with
their names written on the pockets,
and they take orders in Arabic or French.

I can't find a table to sit because the crowded place
is filled with people who venerate the logo and eat fast food.
People eat and talk happily, and enjoy the ambience
of the place – and the call to prayer is unanswered.

Le logo du McDo bien éclairé
décore la façade du bâtiment,
du boulevard, la traduction du texte arabe
est plus visible que le *minaret* de la mosquée.

Je me joins à la foule dans une excitation ardente pour entrer
l'espace rénové qui était autrefois
une librairie ou quelque chose de plus humble.

À l'intérieur, l'appareil stéréo joue un air de
hip-hop en anglais
et les serveurs sont vêtus d'uniformes aux couleurs vives avec
leurs noms écrits sur leurs poches,
et ils prennent les commandes
en arabe ou en français.

Je ne trouve pas de table pour
m'asseoir parce que l'endroit
est rempli de gens qui vénèrent
le logo et mangent du fast-food.
Les gens mangent et parlent joyeusement
et apprécient l'ambiance
du lieu – et l'appel à la prière est sans réponse.

The Mosque
(*Rabat*)

La Mosquée
(*Rabat*)

Yes, I will be there at five
but when the call to prayer is made,
you are absent.

Your inability to decide
is a sign of disbelief.
Your heart is filled with uncertainty
about time, purpose and reason,
uncertainty about who you are
and where you're going.

And mbc

Sound decisions require sound minds – that's all I can say.

Oui, je serai là à cinq heures
mais quand l'appel à la prière est lancé,
tu es absent.

Ton incapacité à décider
est un signe d'incrédulité.
Ton coeur est rempli d'incertitude
à propos du temps, tes intentions et la raison,
incertitude sur la personne que tu es
et où tu vas.

Et mbc

De bonnes décisions nécessitent des esprits sains – c'est tout ce
que je peux dire.

To Surrender
(*Makkah*)

Capituler
(*La Mecque*)

To live is to know.
To know is to remember.
To remember is to submit.
To submit is to surrender.

Vivre, c'est savoir.
Savoir, c'est se souvenir.
Se souvenir, c'est se soumettre.
Se soumettre, c'est capituler.
And upon their breasts they
prostrate before the rising sun.

Prostration

Before the lord of the East and the West.
Before the Master of the final day.
Before the Creator of time.
Before the King of kings.
Daily upon their breasts they prostrate.

Et sur leurs seins, ils
se prosternent devant le soleil levant.
Devant le seigneur de l'Est et de l'Ouest.
Devant le Maître du dernier jour.
Devant le Créateur du temps.
Devant le Roi des rois.
Tous les jours sur leurs seins, ils se prosternent.

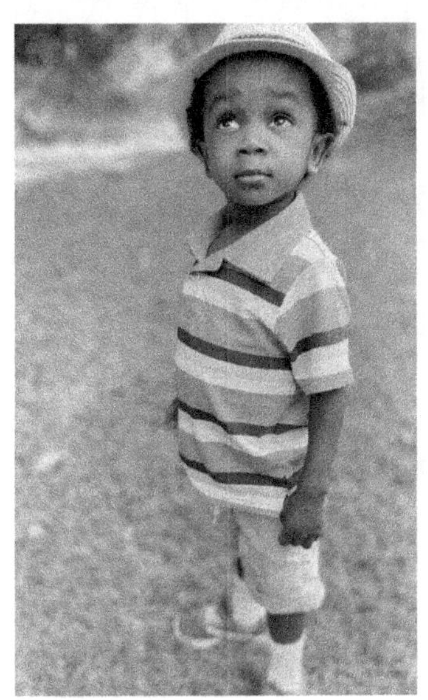

A Man

Un Homme

A man in transition
he always is...
He was, and…
He always will be...
A man in transition.

Un homme en transition
il est toujours...
Il était et…
Il sera toujours...
Un homme en transition.

The Question

La Question

The question is
not whether you have a chance.
But rather, it is
do you recognize your chance?

La question n'est
pas si tu à une chance.
Mais, c'est plutôt
reconnais-tu ta chance?

Architecture

You ask me, about Architecture.
I say, Architecture is simply
the way we construct dwellings for humanity
and to insulate people from the elements.

You ask me, about belief.
I say belief is somewhat different,
it is a structure upon which we can
construct our faith and to insulate us
from impending doom.

You ask me, about life.
But I trust you comprehend,
because the essence of
belief and life are compatible
and those material things are computable
which only reflects our acceptance
of creation in its entirety.
Now, you may decide.

Tu me demandes, à propos de l'Architecture.
Je te dis, l'Architecture est tout simplement
la façon dont nous construisons des domiciles pour l'humanité
et pour isoler les gens contre les éléments.

Tu me demandes, à propos de la croyance.
Je dis que la croyance est quelque peu différente,
c'est une structure sur laquelle nous pouvons
construire notre foi et nous isoler
du jugement dernier.

Tu me demandes à propos de la vie.
Mais j'imagine que tu comprends,
parce que l'essence de
la croyance et la vie sont compatibles
et ces choses matérielles sont calculables
qui reflète seulement notre acceptation
de la création dans son intégralité.
Maintenant, tu peux décider.

Religion

You ask me about buildings.
I say, Architecture is the art of building
shelter for people.

And some people say religion
is concerned with
building a shelter for the soul.

A man who doesn't worship
is an idle man.
And what about a man who thinks
he doesn't have to worship?
Isn't he an ungrateful man?

And what about a man who wants to worship
but he doesn't know how?
He's an ignorant man.

A man who worships
but doesn't know why,
he's a forgetful man.

A man who recognizes
the need to worship,
he's blessed.

A man without religion
is a man without life
seeking to understand his life.

A man who practices 'true' religion
is a man who believes
he has found religion.

Tu me demandes à propos des bâtiments.
Je dis, l'Architecture est l'art de construire
un refuge pour les personnes.

Et certaines personnes disent que la religion
se concerne avec
construire un abri pour l'âme.

Un homme qui n'adore pas
est un homme inoccupé.
Et qu'en est-il d'un homme qui pense
qu'il n'a pas à adorer?
N'est-il pas un homme ingrat?

Et qu'en est-il d'un homme qui veut adorer,
mais il ne sait pas comment?
C'est un homme ignorant.

Un homme qui adore,
mais ne sait pas pourquoi,
c'est un homme distrait.

Un homme qui reconnaît
le besoin d'adorer,
il est béni.

Un homme sans religion
est un homme sans vie
cherchant à comprendre sa vie.

Un homme qui pratique la 'vraie' religion
est un homme qui croit
avoir trouvé une religion.

Sunrise

Levé de Soleil

The sunrise waits for no one,
it follows the decree of the Master
who can conceal the unknown.

The sunrise is like a smile
resembling the lips of a baby,
yet once erased it changes
the expression of life.

The sunrise ascends once more from the
opposite side of the mound,
the new day comes with
a rejuvenation of life.

The sunrise supplies a gentle radiance
at the time of dawn,
and the rooster crows

while some men prostrate
in submission to the Master
in anticipation of a day without a sunset.

Le lever du soleil n'attend personne,
il suit le décret du Maître
qui peut cacher l'inconnu.

Le lever du soleil est comme un sourire
ressemblant les lèvres d'un bébé,
mais une fois effacé, ça change
l'expression de la vie.

Le lever du soleil remonte une fois de plus
du côté opposé du monticule,
le nouveau jour vient avec
une réjuvénation de la vie.

Le lever du soleil apporte un éclat doux
au moment de l'aube,
et le coq chante
tandis que certains hommes se prosternent
en soumission au Maître
en anticipation d'une journée sans coucher de soleil.

The Discovery

La Découverte

O kindness, I did not
know you existed.

O simplicity, why have you been
been hiding from me?

O life, now you have been
revealed to me!

O love, I have discovered
you!

Ô gentillesse, je ne savais pas
que tu existais.

Ô simplicité, pourquoi t'es-tu
caché de moi?

Ô vie, maintenant tu
m'as été révélé!

Ô amour, je t'ai
découvert!

The Eyes of my Conscience
(*Cairo*)

Les Yeux de ma Conscience
(*Le Caire*)

In the shadows of your heart,
I can see the images of your pondering mind
while your thoughts lay concealed in the confines
of an erotic reflection.
And as for your love, it is only a mirage
that occasionally reveals itself.

You, unholy soul,
can no longer hide
in the mirage of your thoughts,
for I have discovered you.

You, with your wishful eyes
and your constructive moods
and your wild propositions.

You believe that you can
control my innocent imagination
because our eyes meet in a tempting moment
under the moonlit sky,
yet I remain under
the watchful eyes of my conscience.

Dans l'ombre de ton coeur,
je peux voir les images de ton esprit méditatives
tandis que tes pensées étaient
cachées dans les confins
d'un reflet érotique.
Et quant à ton amour,
ce n'est qu'un mirage qui se révèle parfois.

Âme impure,
tu ne peux plus te cacher
dans le mirage de tes pensées,
car je t'ai découvert.

Toi, avec tes yeux désireux
et ton humeur constructive
et tes propositions extravagantes.

Tu crois que tu peux
contrôler mon imagination pure
parce que nos yeux se
rencontrent dans un moment de tentation
sous le ciel éclairé par la lune,
pourtant je reste
sous les yeux vigilants de ma conscience.

Daughter of the Nile

Fille du Nil

O daughter of the Nile,
  your being is unique.

Your hair flows like the river
toward the ocean to the north.

And your satin skin like that of a newborn infant
and your eyes gleam like stars in the desert sky.

Who could create someone so refined?
Only the Creator.
Dignify His name!

Ô fille du Nil,
la personne que tu es est unique.

Tes cheveux coulent comme la rivière
vers l'océan au nord.

Et ta peau satinée comme celle d'un nouveau-né
et tes yeux brillent comme des étoiles dans le ciel du désert.

Qui pourrait créer quelqu'un aussi raffinée?
Seul le Créateur.
Honore Son nom!

Inward Hunger

Faim Inversée

I am a prisoner of emotion and time.
Love knows no seasons or reason.
My emotions try to understand,
but I cannot comprehend.
How can my feeling be described?
From within me I hear a silent plea.
Free me!
I am trapped between emotion and time.

Je suis prisonnier des émotions et du temps.
L'amour ne connaît ni saisons ni raison.
Mes émotions essaient de comprendre,
mais je ne peux pas comprendre.
Comment décrire mes sentiments?
Venant de moi-même j'entends un appel silencieux.
Libérerez moi!
Je suis coincé entre mes émotions et le temps.

You are my Favor
(*For Sulafa*)

Tu es ma Faveur
(*Pour Sulafa*)

It is you in my dreams night and day.
It is you who freed me from my loneliness.
It is you whom I share my heart with.
It is you whose tender touch
still lingers in my thoughts.
It is you who have given
me strength and eased my mind.
It is you I longed for, I waited for.
It is you who I have been blessed with,
to share my being with.
You are my love, my favor, and my life.
Most certainly, it is you.

C'est toi qui est dans mes rêves nuit et jour.
C'est toi qui m'as libéré de ma solitude.
C'est toi avec qui je partage mon coeur.
C'est toi où ton tendre touché
persiste encore dans mes pensées.
C'est toi qui m'as donné
de la force et apaisé mon esprit.
C'est toi que j'ai désirée, que j'attendais.
C'est toi avec qui j'ai été béni et eu la chance de partager mon
être avec.
Tu es mon amour, ma faveur et ma vie.
C'est définitivement et certainement toi.

Secret Lover

Amour Secret

I dream of you secret lover.
Like a man needing water
in the arid desert,
I long for you.
How can I see you? How can I touch you?
What would I give to look
into your golden eyes? And to touch your satin skin.
Secret lover, reveal yourself to me…
Secretly.

Je rêve de toi amour secret.
Comme un homme qui a besoin d'eau
dans le désert aride,
je te désire.
Comment puis-je te voir? Comment puis-je te toucher?
Que donnerais-je pour regarder dans tes yeux d'or?
Et pour toucher ta peau satinée.
Amour secret, révèle-toi à moi…
Secrètement.

Sayyidah's Smile

Le Sourire de Sayyidah

Everyone should see Sayyidah's smile
when it radiates from her brown Sudanese cheeks
and her brown lips encased in a soft Sudanese skin.

Everyone should see Sayyidah's smile.
When she smiles, it makes you happy
just to see her white Sudanese teeth
barely visible through her *thobe* (outer dress)
which she carried in her Sudanese lips.

Everyone should see Sayyidah's smile
just to see her bright hazel Sudanese eyes reflect,
more beautiful than a pool of un-disturbed water
in a shady oasis.

Everyone should see Sayyidah's smile,
her soft Sudanese smile.

Tout le monde devrait voir le sourire de Sayyidah
quand il irradie de ses joues soudanaises brunes
et ses lèvres brunes enveloppées dans une douce peau soudanaise.

Tout le monde devrait voir le sourire de Sayyidah.
Quand elle sourit, ça te rend heureux
juste de voir ses dents Soudanaises blanches
à peine visibles à travers sa *thobe* (robe extérieure)
qu'elle portait sur ses lèvres soudanaises.

Tout le monde devrait voir le sourire de Sayyidah
juste pour voir ses yeux soudanais de couleur noisette et brillants
avec un reflet,
plus belle qu'une piscine d'eau non perturbée
dans une oasis ombragée.

Tout le monde devrait voir le sourire de Sayyidah,
son doux sourire soudanais.

Patience and Time

Patience et Temps

Patience and time are like
a man and his lover.

The sun only travels on a path
and a maiden awakens to discover
the reality of her unnatural being.

Her secret life will never be the same
and her memories cannot be erased.

And even though time can alter
the life of people,
patience remains a gift from
the Most Generous of Givers.

La patience et le temps sont comme
un homme et son amoureuse.

Le soleil voyage seulement que sur un chemin direct
et une jeune fille se réveille pour découvrir
la réalité de son être anormal.

Sa vie secrète ne sera plus jamais la même
et ses souvenirs ne peuvent pas être effacés.

Et même si le temps peut changer
la vie des gens,
la patience reste un don du
Plus Généreux des Donneurs.

One Morning

Un Matin

One morning I woke up
and you were gone.
I was haunted by the fact that
I was now alone,
by myself.

I was no longer hampered
by your angry words
and your fragile reasons for truth.

I had myself
and I was content
with the solace of my being,
and you were gone.
Goodbye!

Un matin je me suis réveillé
et tu étais parti.
J'étais hanté par le fait que
j'étais maintenant seul,
par moi-même.

Je n'étais plus embarrassé
par tes mots colériques
et tes raisons fragiles par à part à la vérité.

Je m'avais
et j'étais content
avec la joie de mon être,
et tu étais parti.
Au revoir!

River of Pearls

Rivière de Perles

The silence of the city was puzzling
until I heard the intoning of the muezzin's voice
to signal the dawn prayer.

I responded to his call
and walking through the maze
of narrow lanes of the city,
I made my way to the sacred edifice
– the *Qarawiyyin* mosque.
Entering the court, I heard the sound of water
rushing over the bodies of worshipers
who were performing the ritual ablution.

The tiles of the court – blue and green
revealed a sense of seclusion
from the rest of the city
as if the space of the court was a private garden.

Meanwhile, the morning light quietly filled the court
as though it were a secret place,
and then the interior of the edifice drew me deeper
into a white space punctuated
with intervals of columns.
Inside, I was encompassed by
a myriad of dimly lit lamps;
surely I was afloat in a river of pearls.

Le silence de la ville me mystifiait
jusqu'à tant que j'entende
le chant de la voix du muezzin
pour signaler la prière à l'aube

J'ai répondu à son appel
et se promener dans le labyrinthe dans les ruelles étroites de la
ville,
j'ai fait mon chemin vers l'édifice sacré
– la mosquée de *Qarawiyyin*.
Entrant dans la cour, j'ai entendu le bruit de l'eau
se précipiter sur les corps des fidèles
qui effectuaient leurs rituels d'ablutions.

Les tuiles de la cour – bleu et vert
ont révélé un sentiment
d'isolement du reste de la ville
comme si l'espace de la cour était un jardin privé.

Entre-temps, la lumière
matinale remplissait tranquillement la cour
comme si c'était un endroit secret,
et puis l'intérieur de l'édifice m'a attiré encore plus
dans un espace blanc
ponctué par plusieurs colonnes.
À l'intérieur, j'étais entouré d'une myriade de lampes faiblement
éclairées;
j'étais sûrement à flot dans une rivière de perles.

The Wedding
(*Umm Durman*)

Le Mariage
(*Umm Durman*)

It is almost midnight in the village
and the peacock dance continues
to excite response.

No one wants to leave this collective event,
some sit and speak
while others actively participate.

Clapping hands and moving feet
and dancing to the indigenous sounds of the village.

The smell of burning scents fills the air
mixed with indigenous African rhythms
and the dim lights of the village
beyond midnight.

Il est presque minuit au village
et la danse du paon continue
pour attirer une réponse.

Personne ne veut quitter cet événement collectif,
certains s'assoient et parlent
tandis que d'autres participent activement.

Applaudissement de mains et de pieds bougeant
en dansant aux sons indigènes du village.

L'odeur des parfums brûlants remplit l'air
mélangé avec des rythmes africains indigènes
et les lumières tamisées du village
passé minuit.

Mondrian's Lines

Lignes de Mondrian

I believe in the honesty of lines.
One day I discovered Mondrian's lines
and I fell in love with
his patterns
and his honesty of order
derived from
grid lines,
parallel lines,
adjacent lines,
straight lines,
thick lines,
thin lines,
curved lines,
light lines,
stream lines,
contour lines,
broken lines,
ink lines,
pencil lines,
slanted lines,
hidden lines,
lines of longitude,
lines of latitude,
trees are lines,
people are lines,
chairs are lines.
I sensed Piet's honesty lines.
An edifice, a conglomeration of lines.
The human body, a city, a house,
a composition of lines,
an orchestration of lines.

Je crois en l'honnêteté des lignes.
Un jour, j'ai découvert les lignes de Mondrian
et je suis tombé en amour avec
ses motifs
et son honnêteté de l'ordre
dérivé des
lignes de grille,
lignes parallèles,
lignes adjacentes,
lignes droites,
lignes épaisses,
lignes fines,
lignes courbes,
lignes claires,
lignes de flux,
Lignes de contour,
lignes brisées,
lignes d'encre,
lignes de crayon,
lignes inclinées,
lignes cachées,
lignes de longitude,
lignes de latitude,
les arbres sont des lignes,
les gens sont des lignes,
les chaises sont des lignes.
J'ai senti les lignes d'honnêteté de Piet.
Un édifice, un conglomérat de lignes.
Le corps humain, une ville, une maison,
une composition de lignes,
une orchestration de lignes.

Al-Thawra, my Village

Al-Thawra, mon Village

In *al-Thawra* where I live,
mud houses fill the arid landscape
concrete ones too, floating in air.

Two doors and a high enclosure veils the house
in a simple way from corner to corner.
Walls trace a line around for privacy
and the eye and ear are shut out
but all friends are welcomed
to a court-garden where people sit and chat
in absolute respect and friendship.

The hot midday sun in *al-Thawra* is everywhere,
so boys play soccer right before sunset
while women fetch water from the Nile.

Old men ride donkeys with umbrellas over the head
occasionally to accelerate the trot,
the rider communicates with the mule in Arabic.

On the long bus ride to *al-Thawara* from the market,
I can see white robes fluttering on the body of men
and white *emmas* (turbans) wrapped crudely
over the curve of the head
– underneath an orange skullcap,
and the bright and radiant *thobes* of women
so fanciful, break the hue of the arid landscape.

I fancy this pure eloquent man-made landscape,
so natural especially when dawn appears.
From my roof, I see a pretty village;
I watch the river Nile rippling graciously,
but finding nowhere to alight it keeps moving
towards Cairo somewhere to the north.

À *al-Thawra* où j'habite,
des maisons de boue remplissent le paysage aride
en béton aussi, flottant dans l'air.

Deux portes et une enceinte haute voilent la maison
d'une manière simple d'un coin à l'autre.
Les murs tracent une ligne pour plus d'intimité
et l'oeil et l'oreille sont fermés,
mais tous nos amis sont les bienvenus
dans un jardin où les gens s'assoient et discutent
dans le respect et l'amitié absolus

Le soleil chaud de midi à *al-Thawra* est partout,
alors les garçons jouent au soccer juste avant le coucher du soleil
pendant que les femmes vont chercher
de l'eau de la rivière du Nil.

Des vieillards sur des ânes,
avec parapluies au-dessus de leurs têtes
pour parfois accélérer le trot,
le cavalier communique avec le mulet en arabe.

Sur le long trajet en autobus vers
al-Thawara depuis le marché,
je peux voir des robes blanches
flottant sur le corps des hommes
et des *emmas* blancs (turbans)
enveloppé simplement
sur la courbe de la tête – sous une calotte orange,
Et les *thobes* brillantes et radieuses des femmes
si exorbitantes, brise la teinte du paysage aride.

J'aime ce paysage purement
éloquent créé par l'homme,
si naturel surtout quand l'aube apparaît.
De mon toit, je vois un beau village;
je regarde le Nil onduler gracieusement,
mais ne trouvant nulle part où aller,
il continue de bouger
vers Le Caire quelque part au nord.

Scuds Don't Discriminate

Les Scuds ne Discriminent Pas

When Saddam's bombs fell that night,
I was sitting alone in my room.
All the foreign experts fled to the homemade bunker
with a sign which read 'for Germans only'.
How Ironic – a bunker for Germans only.
Scuds don't discriminate

My friend Ian made one too for he and his wife.
He was a Scotsman who liked haggis.
He invited me to inspect his bunker.

Alone in my room again, I began to inspect
what I was wearing,
my shirt, jeans and an American made baseball cap.
I suddenly realized it didn't matter.
Scuds don't discriminate

My mind was at ease again, because
in my hand I held an Eastern European gas mask.

Outside, the sky over Riyadh was bright,
like fireworks on the 4th of July
from the impact of the patriot and the enemy scud.
Scuds don't discriminate

My gas mask re-assured me but then,
to relieve my fear,
I remembered barbecue hot dogs,
lemonade,
real fireworks and homemade potato salad.

A live broadcast on CNN changed my mood;
military experts were explaining
the details of the war
and the skill of high-tech paraphernalia.
It's all propaganda.
Scuds don't discriminate

Just then, a scud raced across the dark desert sky
– a retaliatory patriot followed
like an electronic star
I thought to myself: so ingenious but so savage!

Quand les bombes de Saddam
sont tombées cette nuit-là,
j'étais assis seul dans ma chambre.
Tous les experts étrangers
ont fui vers le bunker improvisé
avec un signe qui disait
'pour les allemands seulement'.
C'est ironique – un bunker uniquement pour les allemands.
Les scuds ne discriminent pas

Mon ami Ian en a fait un aussi pour lui et sa femme.
C'était un écossais qui aimait le haggis.
Il m'a invité à inspecter son bunker.

Seul dans ma chambre à nouveau,
j'ai commencé à inspecter
ce que je portais,
ma chemise, un jean et une casquette de baseball de fabrication
américaine.
J'ai soudainement réalisé que cela n'avait pas d'importance.
Les scuds ne discriminent pas

Mon esprit était à nouveau à l'aise, car
dans ma main, je tenais un masque à gaz de l'Europe de l'Est.

Dehors, le ciel par-dessus Riyad était éclatant,
comme les feux d'artifice le 4 juillet
commençant avec l'impact du patriote et de l'ennemi scud.
Les scuds ne discriminent pas

Mon masque à gaz m'a rassuré, mais ensuite,
pour apaiser ma peur
je me suis souvenu des hot-dogs au barbecue,
la limonade, les véritables feux d'artifice et de la salade de
pommes de terre fait-maison.

Une émission en direct sur CNN
a changé mon humeur;
des experts militaires expliquaient
les détails de la guerre
et l'habileté de l'attirail high-tech.
C'est juste de la propagande.
Les scuds ne discriminent pas

Juste à ce moment,
un scud a traversé le ciel sombre du désert
– 'un patriote de représailles suivi
comme une étoile électronique'
je me suis dit: si ingénieux, mais tellement sauvage!

Kassala
(*Sudan*)

Kassala
(*Soudan*)

The wings of time have made
Kassala an ancient place.
Mountains tall and valleys green with fruit trees,
a trembling landscape but balance is kept.

Men walk around with large hand-made swords
strapped around their shoulders and necks.
The British called these men *Fuzzy Wuzzy*.
I call them brothers.

Brothers who still wore Afros,
immense curly African heads of hair.
An honor that venerate their sense of being.
Beautiful to see them walk.

Cool cotton white dress draped from the body,
the brothers walk the streets
of *Kassala* with such pride.
I am self-satisfied to be among my brothers.

With greetings first, I meet
Ibrahim a local countryman.
His English quite remarkable.
Sipping tea we converse with others
and radiant faces of my brothers fill the
room where we sit surrounded by ancient walls.

Les ailes du temps ont fait
de *Kassala* une place ancienne.
Montagnes hautes et vallées vertes avec des arbres portants des
fruits,
un paysage tremblant, mais l'équilibre est maintenu.

Des hommes se promènent avec de grandes épées faites à la main
attachée autour de leurs épaules et leur cou.
Les Britanniques ont appelé
ces hommes *Fuzzy Wuzzy*.
Je les appelle mes frères.

Des frères qui portaient encore l'Afro,
d'immenses cheveux bouclés africains.
Un honneur qui vénère leur sentiment d'être.
C'est beau de les voir marcher.

Robe blanche en coton fraîche drapée sur le corps,
les frères marchent dans les rues
de *Kassala* avec une telle fierté.
Je suis satisfait de faire partie
de ma bande de frères.

Avec mes salutations d'abord, je rencontre
Ibrahim un compatriote local.
Son anglais est tout à fait remarquable.
En sirotant du thé, nous conversons avec les autres
et les visages radieux de mes frères remplissent la
chambre où nous nous asseyons entourés de murs anciens.

Men of Truth

Hommes de Vérités

Men of truth,
arouse your consciences and
examine your lost souls.
Hide not from the realities of your existence,
you shall surely die.
Awaken your hearts with the words of revelation.

Men of truth,
seek forgiveness from your sins
and pay heed to the cry of the lonely shepherd among the people.
He calls you once more,
return to your Master and your Lord.

Men of truth,
rise at the first appearance of dawn
and in the absolute hours of the night, rise up

and stand in contemplation.
Petition... And acquire reward for your good deeds.

Men of truth,
awaken your hearts with the words of revelation.
Abandon your evil ways
and yield to the path of sincerity once more.

You, men of truth,
treasure yourselves in the solace of your worship.
Before long, your hearts will ascertain faith.
Hide not from the realities of your existence.
You shall surely die.
O you, men of truth.

Hommes de vérité,
éveillez vos consciences
et examinez vos âmes perdues.
Ne vous cachez pas des réalités de vos existences,
vous allez sûrement mourir.
Éveillez vos coeurs avec les paroles de la révélation.

Hommes de vérité,
cherchez pardon pour vos péchés
et prêter attention au cri du
berger solitaire parmi le peuple.
Il t'appelle une fois de plus,
retournez voir votre Maître et Seigneur.

Hommes de vérité,
levez-vous à la première apparition de l'aube
et dans les heures absolues de la nuit, levez-vous
et restez dans un état de contemplation.
Pétitionnez... Et obtenez une récompense pour vos bonnes
actions.

Hommes de vérité,
éveillez vos coeurs avec les paroles de la révélation.
Abandonnez vos mauvaises intentions
et cédez au chemin de la sincérité une fois de plus.

Vous, les hommes de vérité,
chérissez-vous dans le réconfort de vos prières.
Avant longtemps, vos coeurs verront la foi.
Ne vous cachez pas des réalités de vos existences.
Vous allez sûrement mourir.
Ô vous, hommes de vérité.

Stations In Time

Stations Dans le temps

To anticipate the next step
is only a station in time.
I am forever mutable – place
distance, currency and food.
Habits change, people and language don't change.

Nevertheless, I am closer to reality
and being human again with those
who can communicate
and those who hardly procrastinate
or keep saying, wait!

Life

To balance one's activities
spiritually, mentally, physically
like the seasons measured.

Anticiper la prochaine étape
n'est qu'une station dans le temps.
Je suis pour toujours mutable – lieu
distance, monnaie et nourriture.
Les habitudes changent, les gens et la langue ne changent pas.

Néanmoins, je suis plus proche de la réalité
et être à nouveau humain avec ceux
qui peut communiquer
et ceux qui procrastine à peine
ou continue à dire, attendez!

La vie

Équilibrer ses activités
spirituellement, mentalement, physiquement
comme les saisons mesurées.

My Sister
(Who lives in exile in her dwelling)

Ma Soeur
(Qui vit en exil dans sa demeure)

My Sister, seek to know yourself.
You remain trapped by manmade traditions,
all imposed on you.
Recognize, you're born free.

My Sister, seek to converse.
You remain unnoticed.
You remain un-recognized.

My Sister, seek your place.
You remain humiliated.
You remain detached.
You remain out of place
in the rear.

My Sister, seek your place once more.
You, a whole being,
equal to all beings.
Now! Take your place, my sister!
Live!

Ma Soeur, cherche à te connaître.
Tu restes piégé par les traditions artificielles,
tout t'est imposé.
Reconnais, tu es née libre.

Ma Soeur, cherche à converser.
Tu passes inaperçu.
Tu restes non connu.

Ma Soeur, cherche ta place.
Tu restes humilié.
Tu restes détaché.
Tu restes inconnu
à l'arrière.

Ma Soeur, cherche ta place encore une fois.
Tu es un être complet,
égal aux autres êtres humains.
Maintenant! Prends ta place, ma soeur!
Vie!

Manners
(*Riyadh*)

Manières
(*Riyadh*)

He, created in a state of stupor,
he makes loud noises
and carries heavy loads.
He is stubborn.
And what about man?

He makes loud noises,
he carries heavy loads,
he is also stubborn.
I don't understand why men
emulate the donkey.

Have you seen a man without manners?
Then, he is really not a man.
He is beneath an animal!

Il, créé dans un état de stupeur,
Il fait du bruit
et porte de lourdes charges.
Il est têtu.
Et que dire de l'homme?

Il fait du bruit,
Il porte de lourdes charges,
Il est aussi têtu.
Je ne comprends pas pourquoi les hommes
émulent l'âne.

As-tu vu un homme sans manières?
Alors, il n'est pas vraiment un homme.
Il est inférieur à un animal!

The Souk
(*Sudan*)

Le Souq
(*Soudan*)

Along narrow dusty lanes,
the smell of indigenous spices fills the air.

Loud bartering voices, women and men
brilliant thobes and white jalabias.

The smell of barbecue meat taunts the mind
and everyone gives salaams at every stall.

Drinking tea before the sale's complete,
women carry baskets on their heads skillfully.

Tugging the thobe beneath their arm,
blowing dust, donkeys, and water from the alley vendors.

Brilliant colors and matching smells,
money always exchange hands with a warm smile.

With the blessings of the vendor, woman or man
in the souk of Umm Durman.

Au long des ruelles poussiéreuses étroites,
l'odeur des épices indigènes remplit l'air.

De forte voix de femmes et hommes qui troquent,
thobes brillants et jalabias blancs.

L'odeur de la viande cuite sur
le barbecue nargue l'esprit
et tout le monde donne
des salams à chaque kiosque.

Siroter du thé avant la fin de la vente,
les femmes portent habilement
des paniers sur leur tête.

Tirant la thobe sous leur bras,
souffler la poussière, les ânes,
et l'eau des vendeurs de ruelles.

Couleurs brillantes et odeurs assorties,
l'argent échange toujours des mains avec un sourire chaleureux.

Avec les bénédictions du vendeur,
femme ou homme dans le souk d'Umm Durman.

People
(*Cairo*)

Des Personnes
(*Le Caire*)

I ask myself, and no one seems to know.
To where, from where?
Perhaps to heaven or to hell.
To above or below?
I can't really say. I can't really tell.
I don't really know
why people keep going and coming.

Des personnes viennent et reviennent.
Je me demande, et personne ne semble savoir.
Vers où, et d'où?
Peut-être au paradis ou en enfer.
En haut ou en bas?
Je ne peux pas vraiment dire. Je ne peux pas vraiment savoir.
Je ne sais pas vraiment
pourquoi les gens viennent et reviennent.

Departure

Départ

I saw the emotions in his face.
He came and now he is gone.
His leaving was a reminder to me.
All men will depart one day.

But I felt the cause of him leaving was unfair,
but who am I to say?
A man plans and another man doesn't,
are they one in the same?
Sometimes our intentions are changed
because of someone else,
but life continues to change.
To be stagnant is to die,
the seeker seeking will find.

J'ai vu les émotions sur son visage.
Il est venu et maintenant il est parti.
Son départ pour moi était un rappel.
Tous les hommes partiront un jour.

Mais je sentais que la cause
de son départ était injuste,
mais qui suis-je pour juger?
Qu'un homme planifie et un autre non,
sont-ils la même personne?
Parfois nos intentions changent
à cause de quelqu'un d'autre,
mais la vie continue de changer.
Être stagnant, c'est mourir,
le chercheur cherchant trouvera.

Henna Hands
(*Sudan*)

Mains Peintes au Henné
(*Soudan*)

Lovely African hands.
Brilliant pale-yellow hands.
Patterns of African designs.
Painted hands of henna.
They look so soft, but I cannot touch.
These lovely African henna hands.

Henna hands everywhere,
waving grasping the thobe,
between the hands and lips.
Henna feet walk along the dusty path.
Standing still, my eyes look down
at African feet,
at henna feet.

Henna hands always giving and taking,
Mother Africa extends her generosity
to friend and foe alike.

Charmantes mains africaines.
Des mains jaune pâle brillantes.
Motifs de dessins africains.
Mains peintes au henné.
Elles ont l'air si douce, mais je ne peux pas toucher.
Ces belles mains peintes au henné africain.

Les mains au henné partout,
s'agitant en saisissant la thobe,
entre les mains et les lèvres.
Les pieds de henné marchent
le long du chemin poussiéreux.
Debout, mes yeux regardent vers le bas
les pieds africains,
les pieds de henné.

Mains au henné toujours donnant et prenant,
Mère Africaine étend sa générosité
à l'ami autant qu'à l'ennemi.

Embarrassed

Embarrassé

They say there is a relationship between
the bathroom and man.
In other words, a biological function.
Well, of course it's all relative,
I've discovered that traveling in a vehicle,
having to answer the call of nature
embarrassed by my filthy state and
aroused by the attention I was drawing.
I suddenly realized the absence of a room.
The sense of smell was obvious,
I wondered how long before
I got to a bathroom.

Ils disent qu'il y a une relation entre
la salle de bain et l'homme.
En d'autres mots, une fonction biologique.
Mais, bien sûr tout est relatif,
j'ai découvert que voyager dans un véhicule,
à avoir à répondre à l'appel de la nature
embarrassé par mon état sale et
excité par l'attention que j'attirais.
J'ai soudain réalisé l'absence d'une chambre.
C'est évident avec mon odorat,
et je me demandais combien de temps avant
que cela prendra pour trouver une salle de bain.

Wad Nu Bawe
(A Small Village)

Wad nu Bawe
(Un Petit Village)

Sitting with al Fadil and the family,
father and brothers after Jummah.
Waiting to eat *Ghada* (lunch)
with the family of the Mahdi.

Beautiful people, rich ancestry, proud to the last,
fought the British, fought for Islam,
fought the Kaafirs, Gordon and Kitchener.

Meeting Sadiq a noble man, great grandson, proud,
kind and warm smile.
Welcome! He says, sit, have tea and food.
Kind and generous.
My family – my brothers – we meet again
as he tells the story of
the battle of Umm Durman, and Kordofan.

The Ansars, the helpers of Allah fought the British,
fought them well,
at the Battle of Umm Durman.
Islam prevailed, the British lost...
Sitting with my brothers in Umm Durman.

Assis avec al Fadil et la famille,
père et frères après Jummah.
En attendant de manger *Ghada* (diner)
avec la famille du Mahdi.

Belles personnes riches d'ascendance,
fières jusqu'aux dernières,
combattu les Britanniques, combattus pour l'Islam,
combattu les Kaafirs, Gordon et Kitchener.

Rencontre avec Sadiq un homme noble,
arrière-petit-fils, fier,
gentil et avec un sourire chaleureux.
Bienvenue! Il dit, asseyez-vous, prenez le thé et de la nourriture.
Gentil et généreux.
Ma famille – mes frères – nous nous rencontrons à nouveau
comme il raconte l'histoire de
la bataille d'Umm Durman, et de Kordofan.

Les Ansars, les auxiliaires d'Allah ont combattu les Britanniques,
les ont bien combattus,
à la bataille d'Umm Durman.
L'islam a prévalu, les Britanniques ont perdu...
Assis avec mes frères à Umm Durman.

Lady of the Evening

Mademoiselle de Cette Soirée

O lady of the evening, what makes
you do like you do?
You are no longer a woman.
You have become an instrument for use,
your services are paid for.
Your existence is a product of a misguided society.
Yet, your trade is as old as the hills.
What gives you the authority to command?
It is the weakness in man
which I simply don't understand.

Ô dame de cette soirée, qu'est-ce qui fait
que tu fais comme tu fais?
Tu n'es plus une femme.
Tu es devenu un instrument à utiliser,
tu as été payé pour tes services.
Ton existence est le produit d'une société égarée.
Pourtant, ton métier est aussi vieux que les collines.
Qu'est-ce qui te donne l'autorité d'être au pouvoir?
C'est la faiblesse de l'homme
que je ne comprends tout simplement pas.

Nile Perch at Sunset

Perche du Nil au Coucher du Soleil

Sitting on the edge of the Nile at sunset
waiting for my perch to fry,
the huge burly shopkeeper
with a dark smooth skin
and pale dirt spotted white robe
and orange cap,
he moves sluggishly
around the black cast iron pot.

Turning the fish from side to side
he repeats without question
that its fresh, just caught today!

The sun sets slowly in Umm Durman,
my plate in front of me
with lemon and *jir jir* (arugula),
slice of lemon, salt, shatta, pepper.

My Nile perch,
a fish waiting to be eaten at sunset,
waiting to be eaten
while I sit on the edge of the Nile
in Umm Durman.

Assis au bord du Nil au coucher du soleil
en attendant que mon perchoir commence à frire,
l'énorme commerçant costaud
avec une peau lisse et foncée
et avec une robe blanche tachetée de terre pâle
et un bonnet orange,
Il bouge lentement
autour du pot en fonte noire.

Tournant le poisson d'un côté à l'autre
il répète sans question
que c'est frais, juste pris aujourd'hui!

Le soleil se couche lentement à Umm Durman,
mon assiette devant moi
avec citron et *jir jir* (roquette),
tranche de citron, sel, shatta, poivre.

Mon perchoir du Nil,
un poisson en attente d'être mangé
au coucher du soleil,
attendant d'être mangé
pendant que je m'assois au bord du Nil
à Umm Durman.

Bookra
(*Tomorrow*)

Bookra
(*Demain*)

Sitting on the bus on the way to Gadaref
forty miles or so from Khartoum, we move along
lazily on the dusty worn out road,
stopping for a while to sip *shy* (tea).
Hot bus with no air conditioning,
after six hours the engine stops
we are going to get to Gadaref.

Time and time again I ask the question, we are
rescued by Sulaiman who serves us *shy* (tea),
the generosity of the Sudanese is unmatchable.

Giving always, especially to strangers,
we stay with Sulaiman for days waiting for the bus
to get to Gadaref.

Sleeping in his hut watching TV with the tube
hooked up to his car,
the generosity of the Sudanese is incomparable.
Eating from the slaughtered meat,
when are we going to
get to Gadaref, *Bookra* (tomorrow) he says.
But tomorrow never comes,
he saves us with another day
of his generosity, while we wait to get to Gadaref.

Assis dans l'autobus en chemin à Gadaref
à environ quarante kilomètres de Khartoum,
nous avançons
paresseusement sur la route poussiéreuse et usée,
s'arrêtant un moment pour siroter un *shy* (thé).
Autobus chaud sans air conditionné,
après six heures le moteur s'arrête
nous allons arriver à Gadaref.

Maintes et maintes fois je pose la question, nous sommes
secourus par Sulaiman qui nous sert du *shy* (thé),
la générosité des Soudanais est inégalée.

Donner toujours, surtout aux étrangers,
nous restons avec Sulaiman pendant quelques jours en attendant
l'autobus
pour arriver à Gadaref.

Dormir dans sa hutte devant
la télévision avec le tube
accroché à sa voiture,
la générosité des Soudanais est incomparable.
Manger de la viande abattue, quand allons-nous
arriver à Gadaref, *Bookra* (demain) dit-il.
Mais demain ne vient jamais, il nous sauve avec un autre jour
de sa générosité, en attendant d'arriver à Gadaref.

A Father's Gift
(*For Azizah bint Akel*)

Le Cadeau d'un Père
(*Pour Azizah bint Akel*)

You are my first-born.
With these words,
I share this happy moment with you.
I remember the moment you arrived from your celestial journey.
I called your name, Azizah – beloved.
I welcomed you into the world
with abundant gratitude and pride.

In return, you bestowed upon me
the gift of fatherhood.
I held you in my arms;
I looked into your unfamiliar face,
I summoned the Angels to bear witness,
I performed the call of piety and truth.

In response,
you made a quiet gesture with your eyes,
as if to say, I hear! I obey! I submit!
I watched you take your first step... and fall.

Later, I listened to your incessant cries.
I gave you comfort in your moments of loneliness and uncertainty.
I understood your emotions without your words.

Today, my first-born, my endless prayer, my love and my
aspirations are with you, once more.
For this is yet another moment of uncertainty,
you are summoned to embark on an exceptional journey... on
your own.

As you take to the path,
remember you are a servant of the Almighty.
Remember, where you are, where you are going and who you are.

Remember the dunya is teeming with happiness and grief;
fear and hope; disappointment and promise.
Remember the Almighty controls your being and your very
existence.

O obedient servant of the Almighty,
seek the path of your beloved Master,
like our Prophet (*peace be upon him*),
seek comfort in prayer and contemplation.

In your daily pause, acknowledge the Knower,
the Giver, the One.
Petition Him to grant you from His bounty – unconditional love.
Go forth and seek to comprehend the dunya, but remember
your pious ancestors,
they too have trodden the path before you.

The blood of your noble ancestors
agitates your arteries
and from her heavenly abode
your grandmother salutes you.
Remember the words of
our Prophet (*peace be upon him*) for his counsel
will never leave you wandering,
wanting or unfulfilled.
He is your guide, your brother and your companion.

Show humility when your conscience demands it.
Show resolve when you lack strength.
Show faith when you face temptation.
And remember the Almighty and He will always remember you.

Tu es ma première-née.
Avec ces mots,
je partage ce moment heureux avec toi.
Je me souviens du moment où tu es arrivé de ton voyage céleste.
J'ai appelé ton nom, Azizah – ma chérie.
Je t'ai accueilli dans le monde avec une abondance de gratitude
et de fierté.

En retour, tu m'as accordé le don de la paternité.
Je t'ai tenue dans mes bras;
j'ai regardé ton visage peu familier,
j'ai appelé les Anges pour témoigner,
j'ai performé l'appel de piété et de vérité.

En réponse, tu as fait un geste subtil avec tes yeux,
comme pour me dire,
j'entends! J'obéis! Je me soumets!
Je t'ai regardé faire ton premier pas... et tomber.

Plus tard, j'ai écouté tes cris incessants.
Je t'ai réconforté dans tes moments de solitude et d'incertitude.
J'ai compris tes émotions sans que tu les vocalises.

Aujourd'hui, ma première-née, ma prière sans fin, mon amour et
mes aspirations sont avec toi,
encore une fois.
Car c'est encore un autre moment d'incertitude,
tu es convoqué pour embarquer dans un voyage exceptionnel...
seul.

Lorsque tu suis le chemin, souviens-toi que tu es une servante du
Tout-Puissant.
Rappel toi, où tu es, où tu vas et qui tu es.
Rappelle-toi que la dunya regorge de bonheur et de chagrin;
de peur et d'espoir; de déception et de promesse.
Rappelle-toi que le Tout-Puissant contrôle l'être que tu es et ton
existence.

Ô servante obéissante du Tout-Puissant,
cherche le chemin de ton Maître bien-aimé,
notre Prophète (*que la paix soit sur lui*),
cherche du réconfort en priant et dans la contemplation.

Durant ta pause quotidienne,
reconnais le Connaisseur, le Donneur, le Seul.
Demandes Lui de t'accorder de Sa générosité – son amour
inconditionnel.
Vas de l'avant et cherches à comprendre la dunya, mais souvient
toi de tes ancêtres
pieux, eux aussi ont parcouru le chemin devant toi.

Le sang de tes nobles ancêtres
s'agite dans tes artères
et de son domicile céleste ta grand-mère te salue.
Rappelle-toi les paroles de notre Prophète (*que la paix soit sur lui*)
pour son conseil
ne te laisseras jamais errante,
insatisfaite ou manquante.
Il est ton guide, ton frère et ton compagnon.

Fais preuve d'humilité lorsque ta conscience l'exige.
Fais preuve de détermination
lorsque tu manques de force.
Fais preuve de foi lorsque tu fais face à la tentation.
Et souviens-toi du Tout-Puissant et Il se souviendra toujours de toi.